AF187576

Impressum
Verlag: BABADADA GmbH, Nedderfeld 112 , 22529 Hamburg
Geschäftsführer / Verlagsleitung: Harald Hof
Druck: Books on Demand GmbH, In de Tarpen 42, 22848 Norderstedt

Imprint
Publisher: BABADADA GmbH, Nedderfeld 112 , 22529 Hamburg, Germany
Managing Director / Publishing direction: Harald Hof
Print: Books on Demand GmbH, In de Tarpen 42, 22848 Norderstedt, Germany

学校

школа

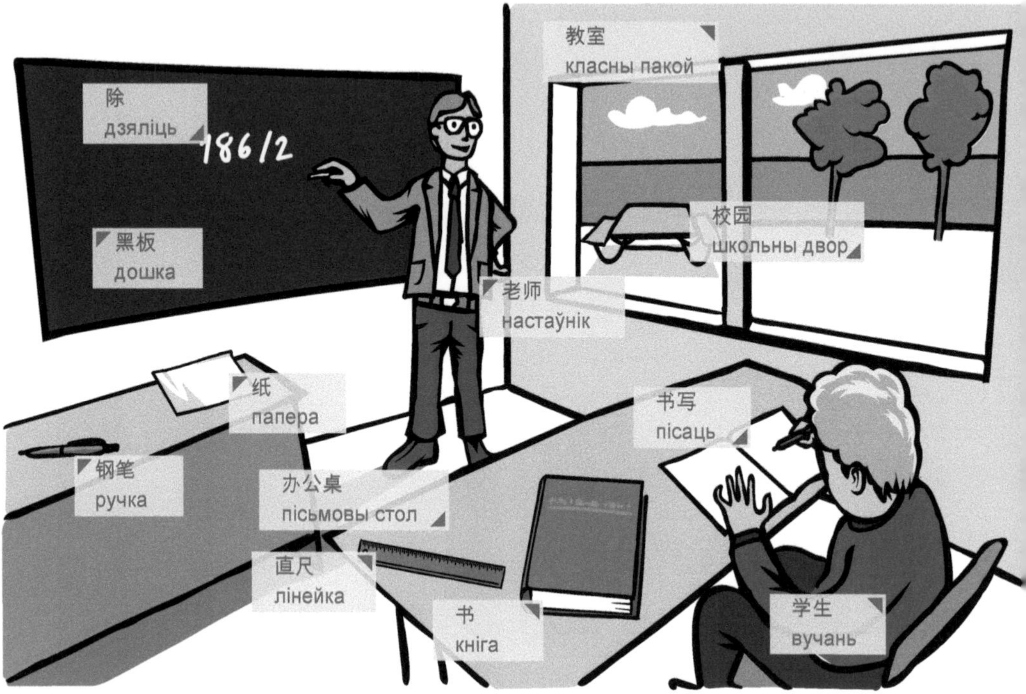

教室
класны пакой
除
дзяліць
186/2
黑板
дошка
校园
школьны двор
老师
настаўнік
纸
папера
书写
пісаць
钢笔
ручка
办公桌
пісьмовы стол
直尺
лінейка
书
кніга
学生
вучань

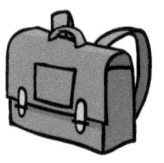

书包

ранец

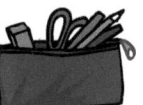

铅笔盒

пенал

铅笔

просты аловак

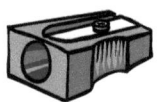

卷笔刀

тачылка для алоўкаў

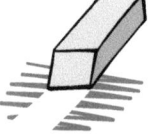

橡皮擦

гумка

画板

альбом для малявання

图画

малюнак

画笔

пэндзлік

颜料盒

фарбы

剪刀

нажніцы

胶水

клей

练习册

сшытак

家庭作业

хатняе заданне

数字

лік

加

дадаваць

减

адымаць

乘

множыць

计算

лічыць

字母

літара

字母表

алфавіт

hello

字

слова

课文

тэкст

读

чытаць

粉笔

крэйда

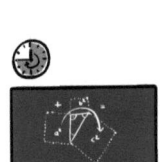

上课

ўрок

登记

класны журнал

考试

экзамен

证书

атэстат

校服

школьная форма

教育

адукацыя

百科全书

энцыклапедыя

大学

універсітэт

显微镜

мікраскоп

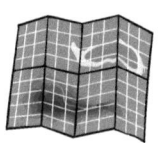

地图

карта

废纸筐

смеццевы кошык

旅行

падарожжа

Grand
ROOMS
酒店
гатэль
青年旅社
хостэл
外币兑换处
абменны пункт
手提箱
чамадан
汽车
аўтамабіль

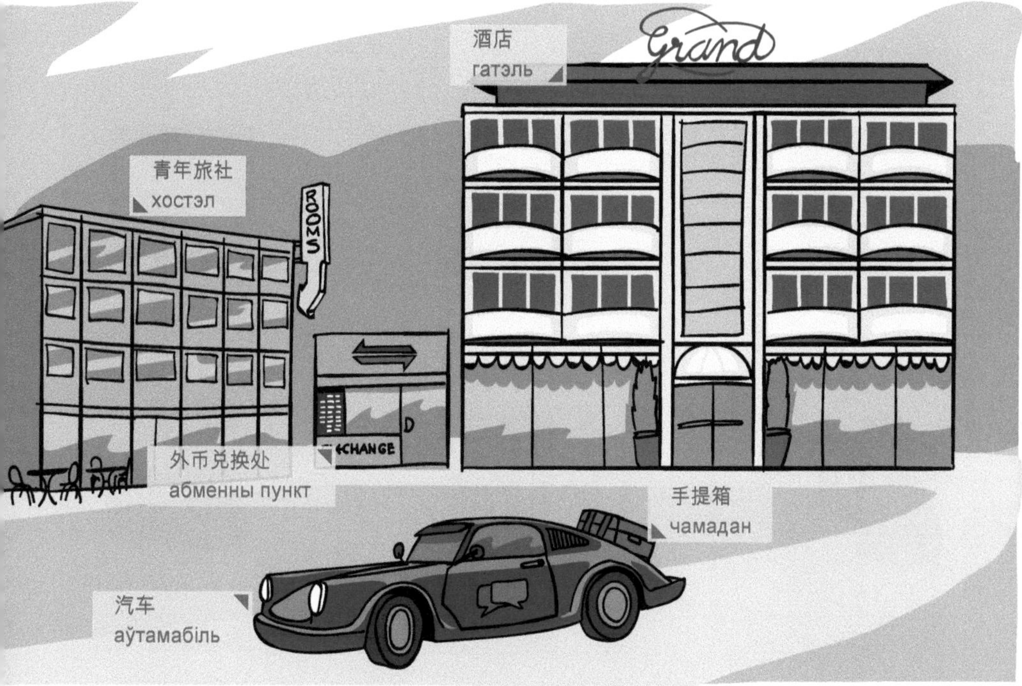

语言

мова

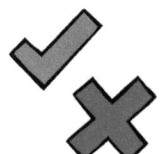

是/否

так / не

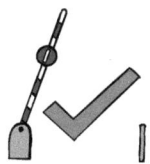

好的

добра

您好

прывітанне!

翻译员

перакладчык

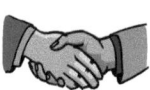

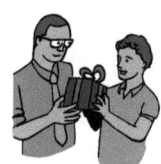

谢谢

дзякуй

……多少钱？

Колькі каштуе….?

我不明白

я не разумею

问题

праблема

晚上好！

Добры вечар!

早上好！

Добрай раніцы!

晚安！

Дабранач!

再见

да пабачэння

方向

кірунак

行李

багаж

包

сумка

双肩包

заплечнік

客人

госць

房间

пакой

睡袋

спальны мяшок

帐篷

палатка

旅游信息

інфармацыя для турыстаў

海滩

пляж

信用卡

крэдытная картка

早餐

снеданне

午餐

абед

晚餐

вячэра

票

праязны білет

电梯

ліфт

邮票

паштовая марка

边界

мяжа

海关

мытня

大使馆

пасольства

签证

віза

护照

пашпарт

交通运输

транспарт

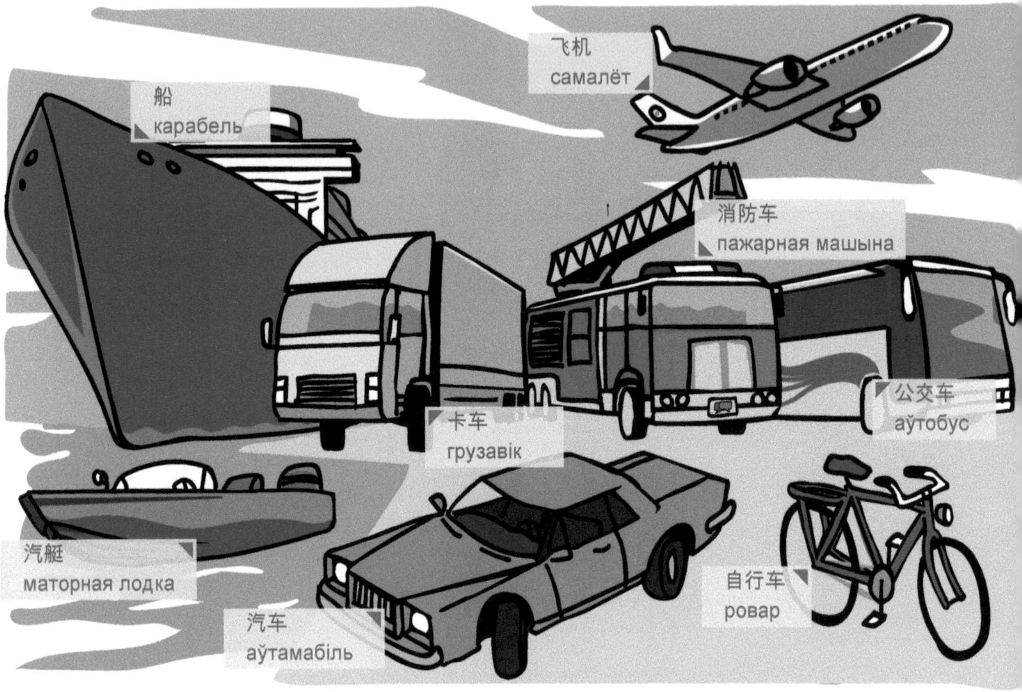

飞机
самалёт
船
карабель
消防车
пажарная машына
公交车
аўтобус
卡车
грузавік
汽艇
маторная лодка
自行车
ровар
汽车
аўтамабіль

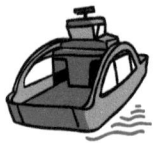

摆渡船

паром

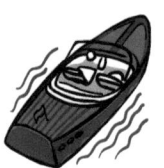

小船

лодка

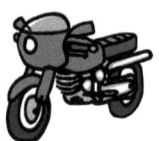

摩托车

матацыкл

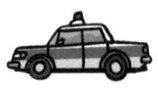

警车

паліцэйская машына

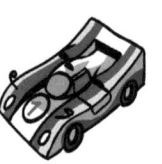

赛车

гоначны аўтамабіль

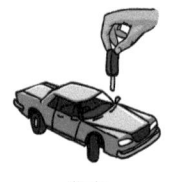

租车

арэндаваны аўтамабіль

拼车

сумеснае карыстанне аўтамабілем

拖车

эвакуатар

垃圾车

смеццявоз

发动机

матор

汽油

паліва

加油站

запраўка

交通标志

дарожны знак

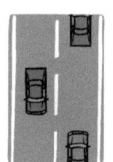

交通

дарожны рух

交通堵塞

затор

停车场

паркоўка

火车站

чыгуначная станцыя

轨道

рэйкі

火车

цягнік

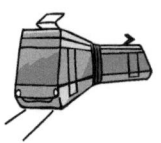

电车

трамвай

货车

вагон

直升机

верталёт

机场

аэрапорт

塔

вежа

乘客

пасажыр

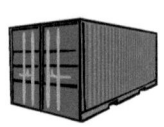

集装箱

кантэйнер

纸板箱

кардонная скрыня

手推车

тачка

篮子

карзіна

起飞/降落

ўзлятаць / прызямляцца

城市

горад

村庄

вёска

市中心

цэнтр горада

房子

дом

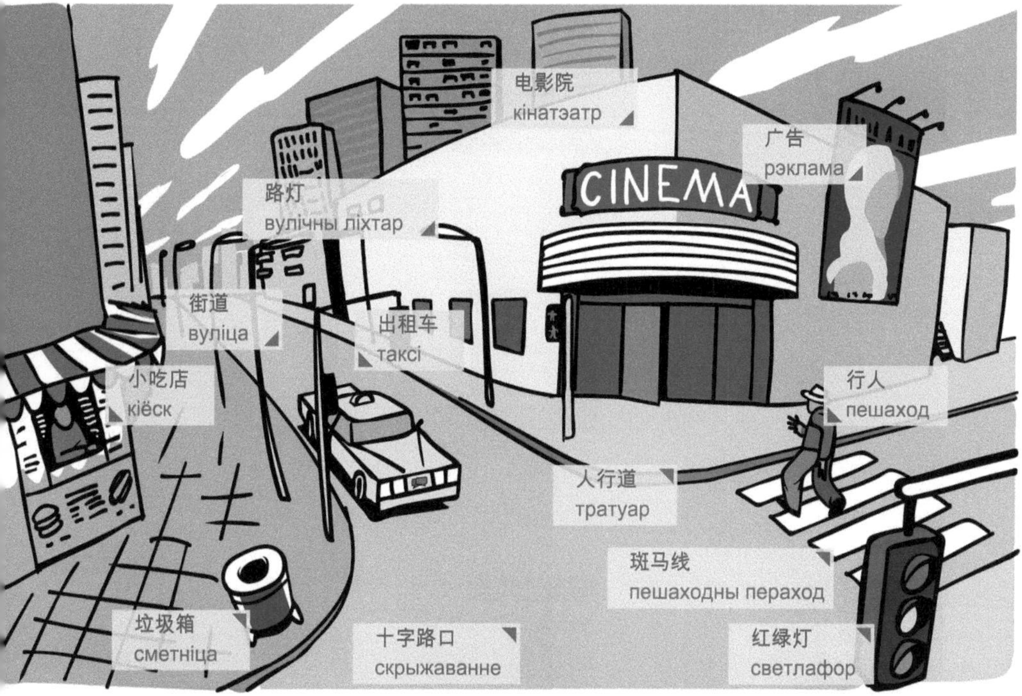

电影院
кінатэатр
CINEMA
广告
рэклама
路灯
вулічны ліхтар
街道
вуліца
出租车
таксі
小吃店
кіёск
行人
пешаход
人行道
тратуар
斑马线
пешаходны пераход
垃圾箱
сметніца
十字路口
скрыжаванне
红绿灯
светлафор

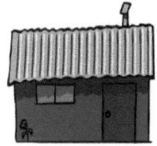

小屋
халупа

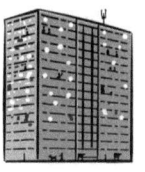

公寓
кватэра

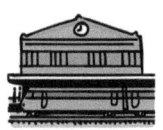

火车站
чыгуначная станцыя

市政厅
ратуша

MUSEUM
博物馆
музей

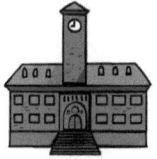

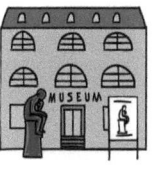

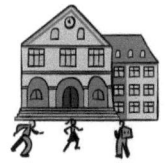

学校
школа

大学

універсітэт

银行

банк

医院

шпіталь

酒店

гатэль

药房

аптэка

办公室

офіс

书店

кнігарня

商店

крама

花店

кветкавая крама

超市

супермаркет

市场

кірмаш

百货商店

універмаг

鱼店

рыбная крама

购物中心

гандлевы цэнтр

海港

порт

公园

парк

长凳

лава

桥

мост

楼梯

лесвіца

地铁

метро

隧道

тунэль

公交车站

прыпынак

酒吧

бар

餐馆

рэстаран

邮筒

паштовая скрыня

路标

вулічны паказальнік

停车计时器

паркамат

动物园

заапарк

游泳馆

басейн

清真寺

мячэць

城市 - горад

农场

сядзіба

污染

забруджванне
навакольнага асяроддзя

墓地

могілкі

教堂

царква

操场

пляцоўка для гульні

寺庙

храм

地形

краявід

树叶
ліст

指示牌
паказальнік

路
дарога

草地
луг

石头
камень

树
дрэва

徒步旅行者
падарожнік

河
рака

草
трава

花
кветка

峽谷

даліна

山

гара

湖

возера

森林

лес

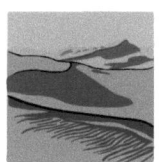

沙漠

пустыня

火山

вулкан

城堡

замак

彩虹

вясёлка

蘑菇

грыб

棕榈树

пальма

蚊子

камар

苍蝇

муха

蚂蚁

мурашка

蜜蜂

пчала

蜘蛛

павук

甲虫

жук

青蛙

жаба

松鼠

вавёрка

刺猬

вожык

野兔

заяц

猫头鹰

сава

鸟

птушка

天鹅

лебедзь

野猪

дзік

鹿

алень

麋鹿

лось

水坝

плаціна

风力发电机

вятрак

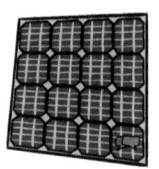

太阳能电池板

сонечная батарэя

气候

клімат

餐馆

рэстаран

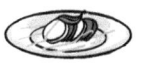

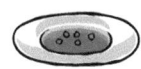

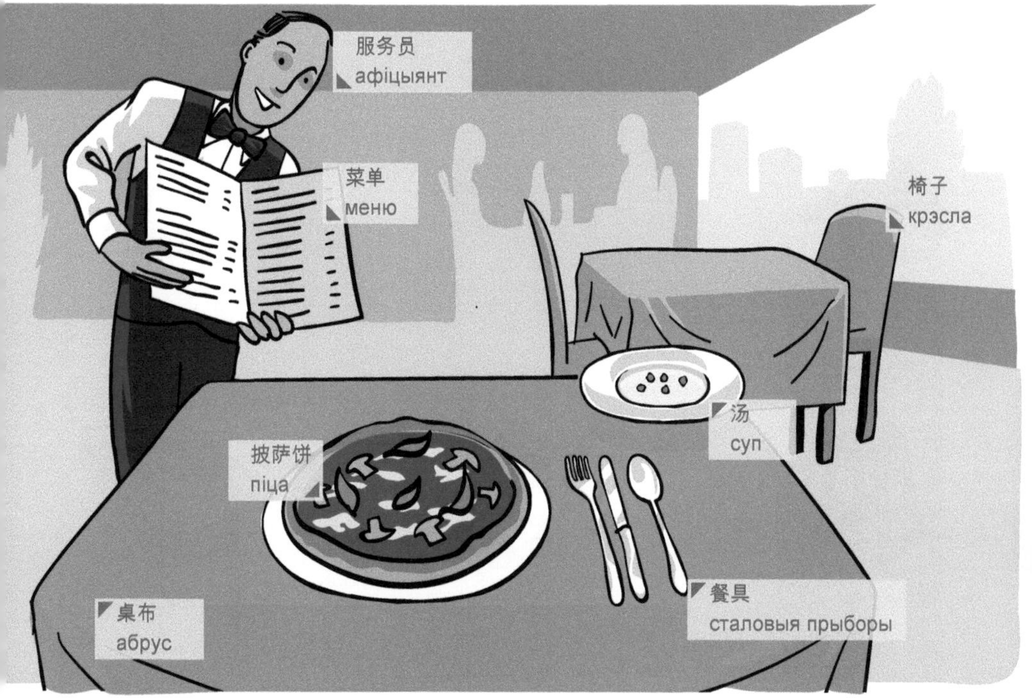

服务员
афіцыянт
菜单
меню
椅子
крэсла
汤
суп
披萨饼
піца
餐具
сталовыя прыборы
桌布
абрус

前菜

закуска

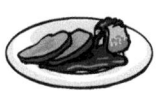

主菜

другая страва

甜点

дэсерт

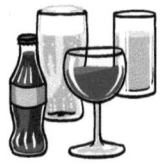

饮料

напоі

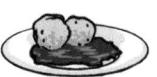

食物

ежа

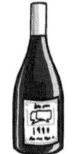

瓶子

бутэлька

快餐

хуткае харчаванне (фаст-фуд)

街边小吃

стрыт-фуд

茶壶

імбрык (чайнік)

糖盒

цукарніца

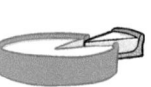

一份饭菜

порцыя

意式咖啡机

эспрэса-машына

高脚椅

дзіцячае крэселка

账单

рахунак

托盘

паднос

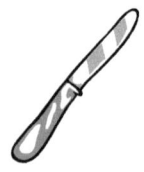

刀

нож

餐叉

відэлец

勺子

лыжка

茶匙

чайная лыжка

餐巾

сурвэтка

玻璃杯

шклянка

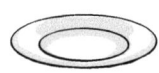

碟子

талерка

汤盘

супавая талерка

碟子

сподак

酱

соус

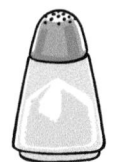

盐瓶

сальніца

胡椒磨

млынок для перцу

醋

воцат

食用油

алей

调味料

спецыі

番茄酱

кетчуп

芥末

гарчыца

蛋黄酱

маянэз

超市
супермаркет

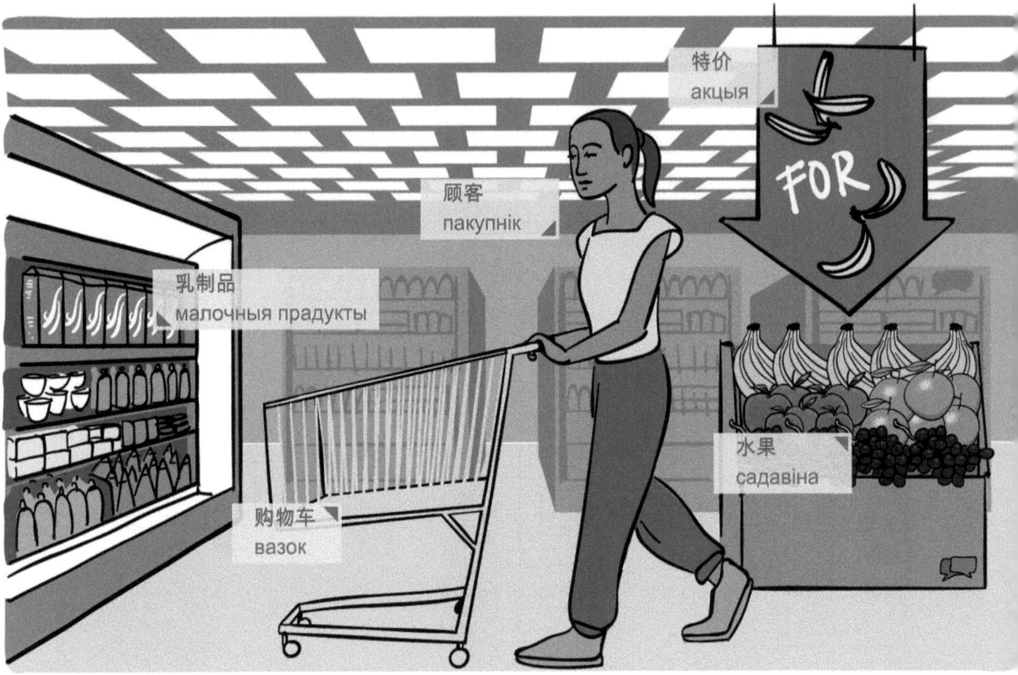

特价
акцыя

顾客
пакупнік

乳制品
малочныя прадукты

购物车
вазок

水果
садавіна

肉铺
мясная крама

面包房
хлебны магазін

称重
важыць

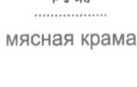

蔬菜
гародніна

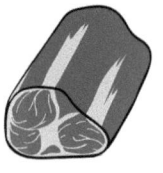

肉
мяса

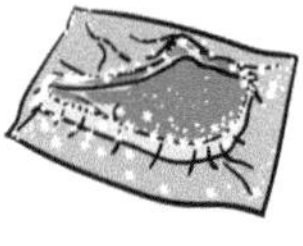

冷冻食品
свежазамарожаныя
прадукты

冷盘

нарэзка

罐头食品

кансервы

洗衣粉

пральны парашок

甜食

прысмакі

日用品

хатнія прылады

清洁用品

чысцячы сродак

销售员

прадавец

收银机

каса

收银员

касір

购物清单

спіс пакупак

开放时间

гадзіны працы

钱包

бумажнік

信用卡

крэдытная картка

袋子

сумка

塑料袋

пакет

水

вада

果汁

сок

牛奶

малако

可乐

кола

红酒

віно

啤酒

піва

酒

алкаголь

可可

какава

茶

гарбата (чай)

咖啡

кава

意式浓缩咖啡

эспрэса

卡布奇诺

капучына

香蕉

банан

苹果

яблык

橙子

апельсін

西瓜

дыня

柠檬

лімон

胡萝卜

морква

大蒜

часнок

竹子

бамбук

洋葱

цыбуля

蘑菇

грыб

坚果

арэхі

面条

локшына

意大利面条

спагеці

米饭

рыс

沙拉

салата

薯条

бульба фры

炸土豆

смажаная бульба

披萨饼

піца

汉堡包

гамбургер

三明治

бутэрброд

炸猪排

шніцаль

火腿

вяндліна

萨拉米

салямі

香肠

каўбаса

鸡肉

курыца

烤肉

смажаніна

鱼

рыбак

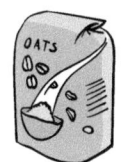

燕麦片

аўсяныя камякі

穆兹利

мюслі

玉米片

кукурузныя шматкі

面粉

мука

羊角面包

круасан

面包卷

булачка

面包

хлеб

烤面包

тост

饼干

пячэнне

黄油

масла

凝乳

тварог

蛋糕

пірог

蛋

яйка

煎蛋

яечня

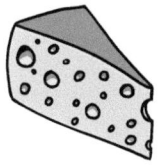

奶酪

сыр

食物 - ежа

冰激凌

марожанае

糖

цукар

蜂蜜

мёд

果酱

варэнне

巧克力酱

нуга

咖喱饭

кары

农场

сядзіба

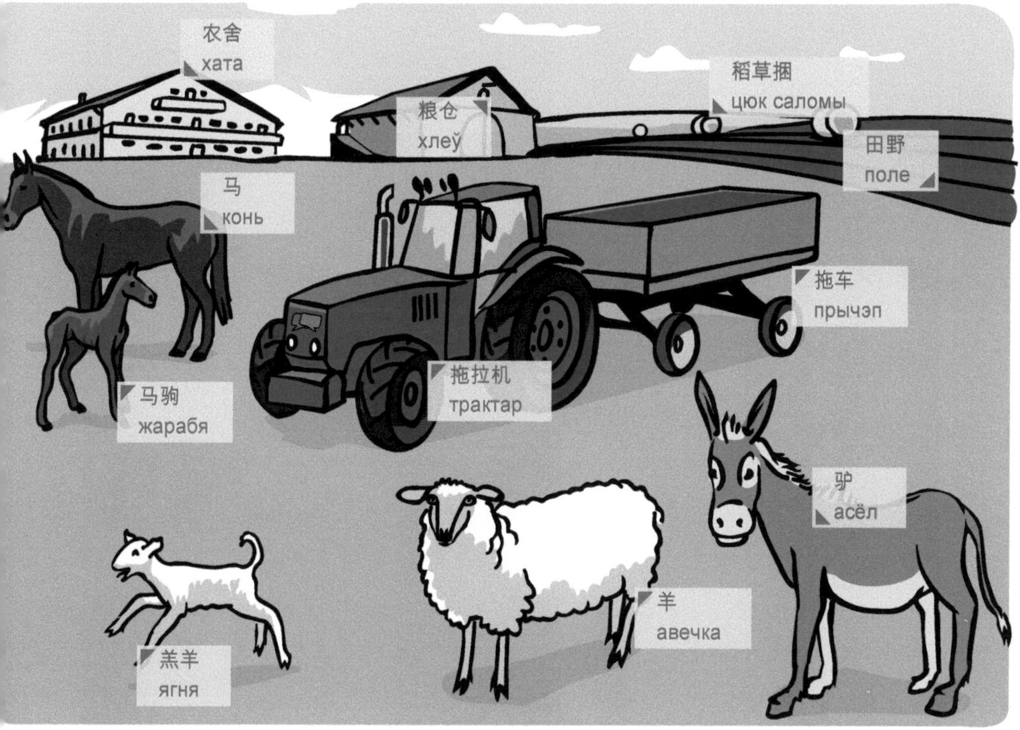

农舍
хата
稻草捆
цюк саломы
粮仓
хлеў
田野
поле
马
конь
拖车
прычэп
拖拉机
трактар
马驹
жарабя
驴
асёл
羊
авечка
羔羊
ягня

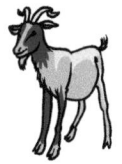

山羊

каза

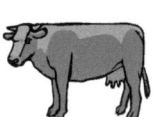

奶牛

карова

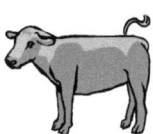

牛犊

цяля

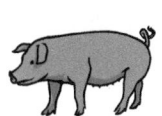

猪

свіння

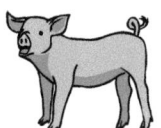

小猪

парася

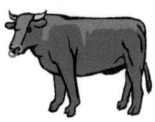

公牛

бык

鹅

гусак

鸭

качка

小鸡

кураня

母鸡

курыца

公鸡

певень

鼠

пацук

猫

кот

老鼠

мыш

牛

вол

狗

сабака

狗屋

сабачая будка

花园浇水软管

садовы шланг

洒水壶

палівачка

长柄大镰刀

каса

犁

плуг

镰刀
серп

锄头
матыка

长柄草耙
вілы для гною

斧头
сякера

独轮手推车
тачка

饲料槽
карыта

牛奶罐
бітон для малака

麻布袋
мех

栅栏
плот

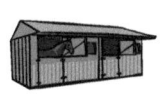

马厩
хлеў

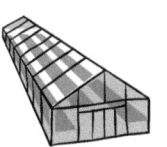

温室
цяпліца

土壤
глеба

种子
насенне

肥料
угнаенне

联合收割机
камбайн

收割

збіраць ураджай

收割

ураджай

山药

ямс

小麦

пшаніца

大豆

соя

土豆

бульба

玉米

кукуруза

油菜籽

рапс

果树

садовае дрэва

树薯

маніёк

谷物

збожжа

房子

дом

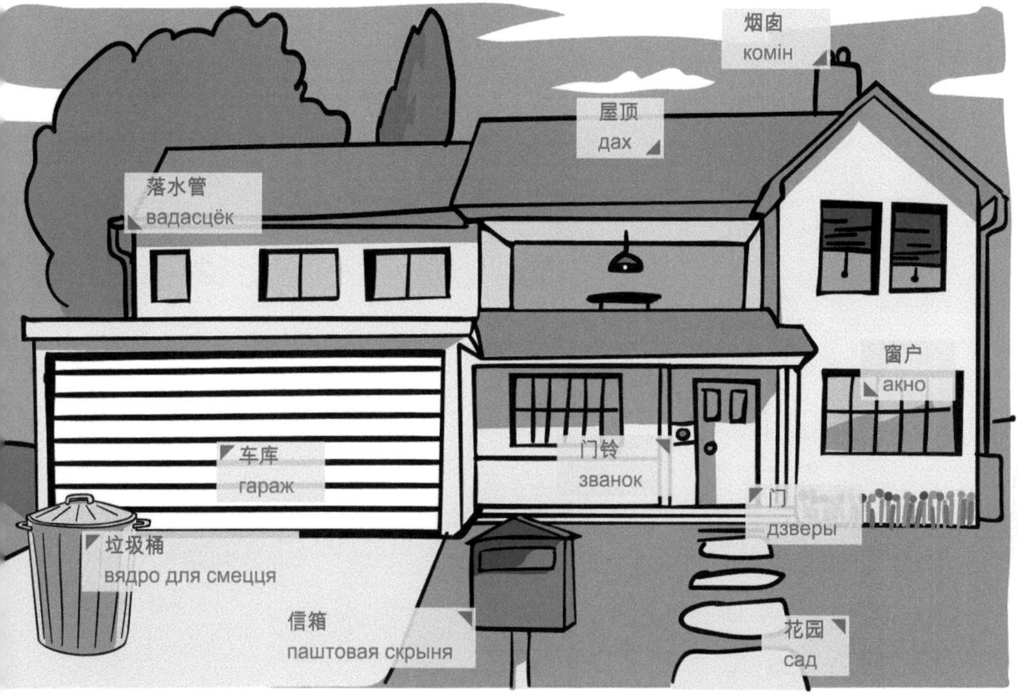

烟囱
комін
屋顶
дах
落水管
вадасцёк
窗户
акно
车库
гараж
门铃
званок
门
дзверы
垃圾桶
вядро для смецця
信箱
паштовая скрыня
花园
сад

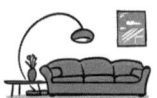

客厅

жылы пакой

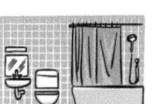

浴室

ванная

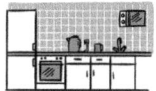

厨房

кухня

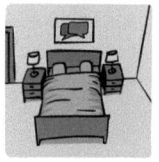

卧室

спальны пакой

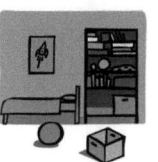

儿童房

дзіцячы пакой

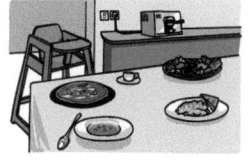

餐厅

сталоўка

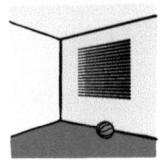

地板

падлога

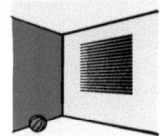

墙壁

сцяна

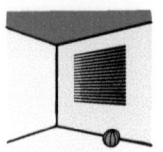

吊顶

столь

地窖

падвал

桑拿

саўна

阳台

балкон

露台

тэраса

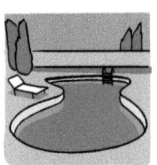

游泳池

басейн

割草机

касілка

被单

падкоўдранік

床罩

коўдра

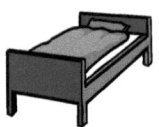

床

ложак

扫帚

венік

水桶

вядро

开关

выключальнік

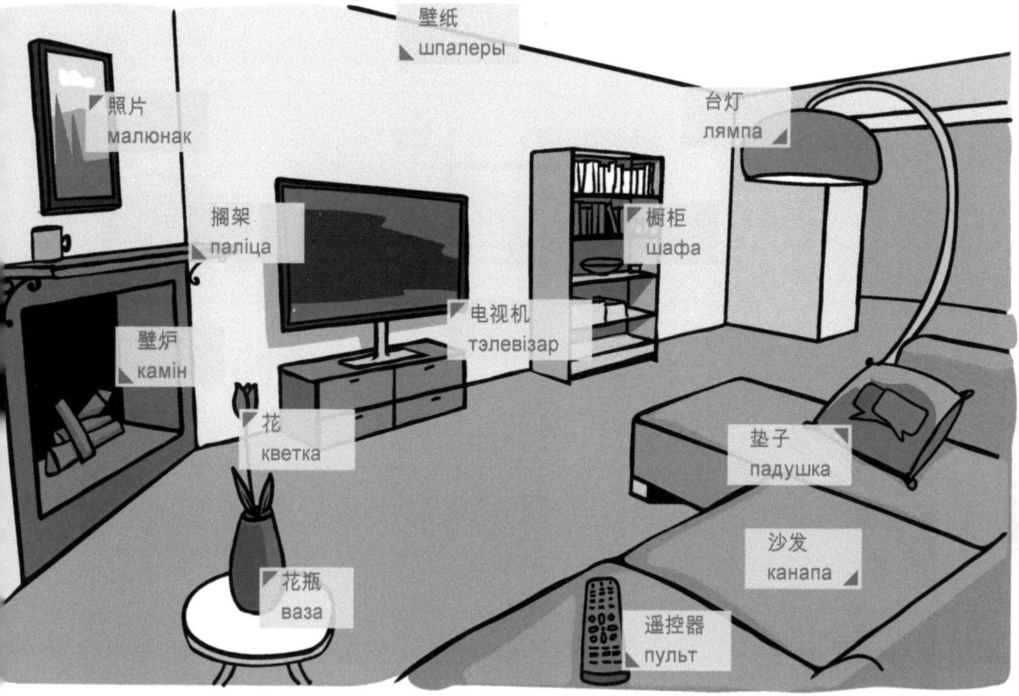

壁纸
шпалеры

照片
малюнак

台灯
лямпа

搁架
паліца

橱柜
шафа

电视机
тэлевізар

壁炉
камін

花
кветка

垫子
падушка

沙发
канапа

花瓶
ваза

遥控器
пульт

地毯
дыван

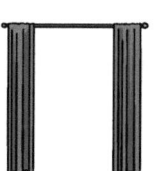

窗帘
фіранка

餐桌
стол

椅子
крэсла

摇椅
крэсла-качалка

扶手椅
крэсла

书

кніга

毯子

коўдра

装饰品

дэкарацыя

木柴

дровы

电影

кіно

高保真音响

стэрэасістэма

钥匙

ключ

报纸

газета

油画

карціна

海报

постар

收音机

радыё

笔记本

нататнік

吸尘器

пыласос

仙人掌

кактус

蜡烛

свечка

厨房
кухня

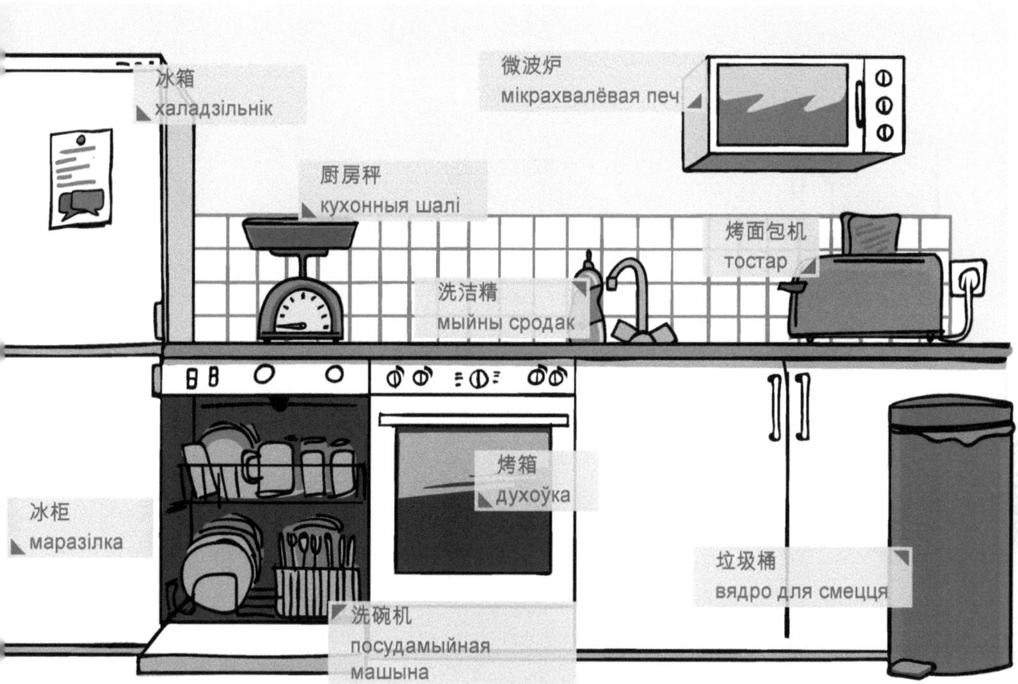
冰箱
халадзільнік
微波炉
мікрахвалёвая печ
厨房秤
кухонныя шалі
烤面包机
тостар
洗洁精
мыйны сродак
烤箱
духоўка
冰柜
маразілка
垃圾桶
вядро для смецця
洗碗机
посудамыйная
машына

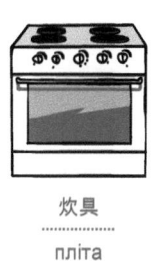

炊具
пліта

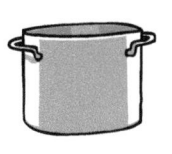

锅
рондаль

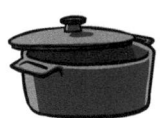

铸铁锅
чыгунок

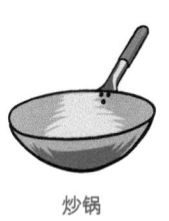

炒锅
Вок / кадаі

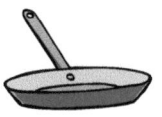

平底锅
патэльня

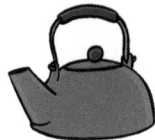

水壶
чайнік

蒸锅

параварка

烤盘

бляха

陶瓷锅

посуд

马克杯

кубак

碗

міска

筷子

палачкі для ежы

长柄勺

чарпак

铲子

лапатачка

搅拌器

збівалка

滤网

сіта для варэння

筛子

сіта

磨碎机

тарка

研钵

ступка

烧烤

грыль

明火

вогнішча

菜板

дошка

擀面杖

качалка

开瓶器

штопар

罐子

бляшанка

开罐器

адкрывалка

隔热手套

прыхваткі

水槽

ракавіна

刷子

шчотка

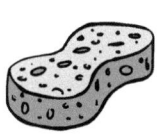

海绵

губка

搅拌机

міксер

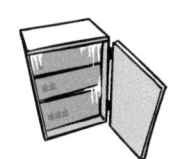

冷藏箱

маразільная камера

奶瓶

бутэлечка

水龙头

вадаправодны кран

浴室

ванная

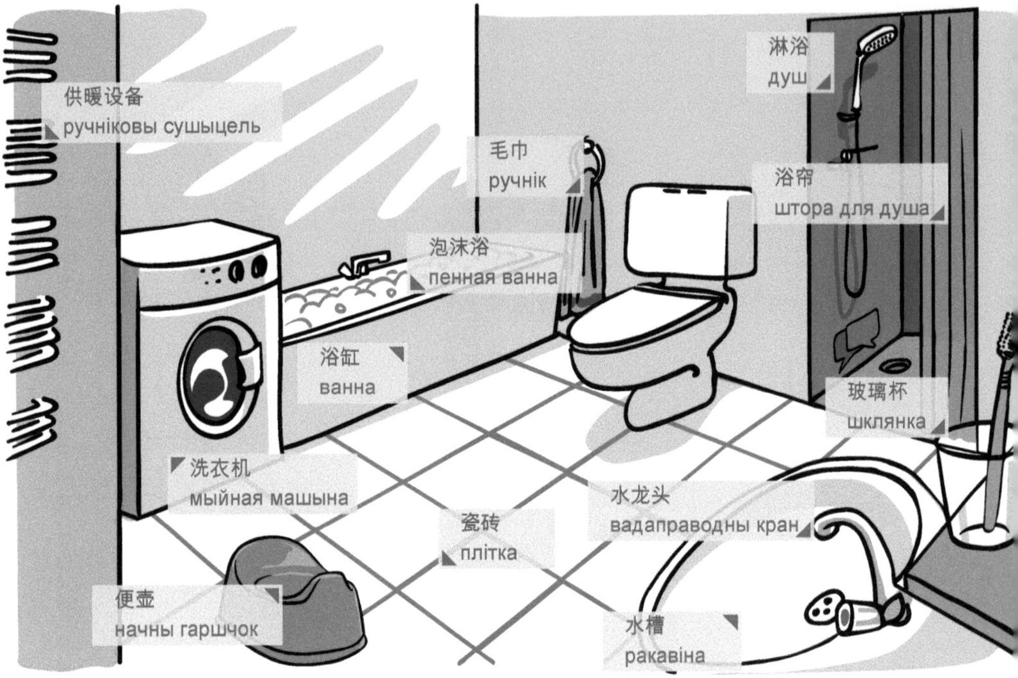

淋浴
душ
供暖设备
ручніковы сушыцель
毛巾
ручнік
浴帘
штора для душа
泡沫浴
пенная ванна
浴缸
ванна
玻璃杯
шклянка
洗衣机
мыйная машына
水龙头
вадаправодны кран
瓷砖
плітка
便壶
начны гаршчок
水槽
ракавіна

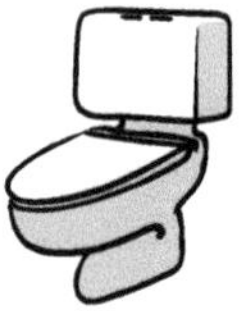

厕所

туалет

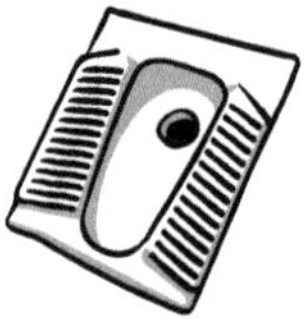

蹲便器

падлогавы ўнітаз

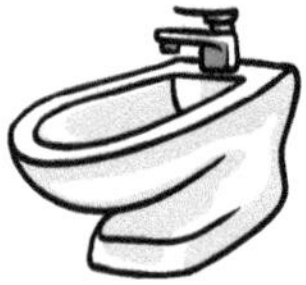

坐浴器

бідэ

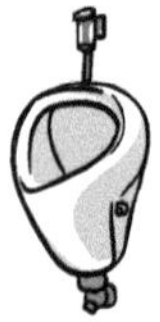

小便池

пісуар

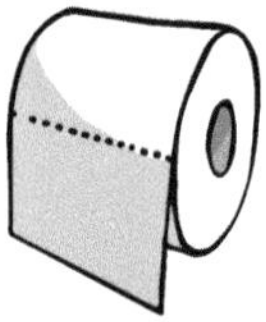

厕纸

туалетная папера

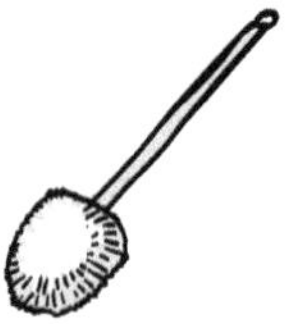

马桶刷

шчотка для чысткі ўнітаза

牙刷

зубная шчотка

牙膏

зубная паста

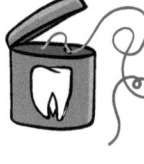

牙线

зубная нітка

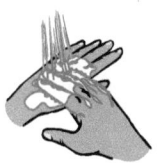

洗

мыць

手持式喷淋头

ручны душ

冲洗器

інтымны душ

洗脸盆

умывальнік

擦背刷

шчотка для спіны

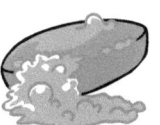

肥皂

мыла

沐浴露

гель для душа

洗发水

шампунь

法兰绒

вяхотка

排水

вадасцёк

乳霜

крэм

除臭剂

дэзадарант

镜子

люстэрка

手镜

касметычнае люстэрка

剃须刀

станок для галення

剃须泡沫

пена для галення

须后水

ласьён пасля галення

梳子

грэбень

刷子

шчотка

吹风机

фен

喷发定型剂

лак для валасоў

化妆品

касметыка

唇膏

памада

指甲油

лак для пазногцяў

化妆棉

вата

指甲剪

манікюрныя нажніцы

香水

духі

洗漱包

касметычка

凳子

табурэтка

计重秤

вагі

浴袍

лазневы халат

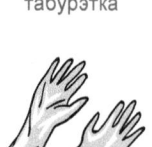

橡胶手套

санітарныя пальчаткі

卫生棉条

тампон

卫生巾

гігіенічныя пракладкі

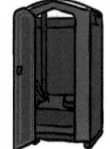

化学厕所

біятуалет

儿童房

дзіцячы пакой

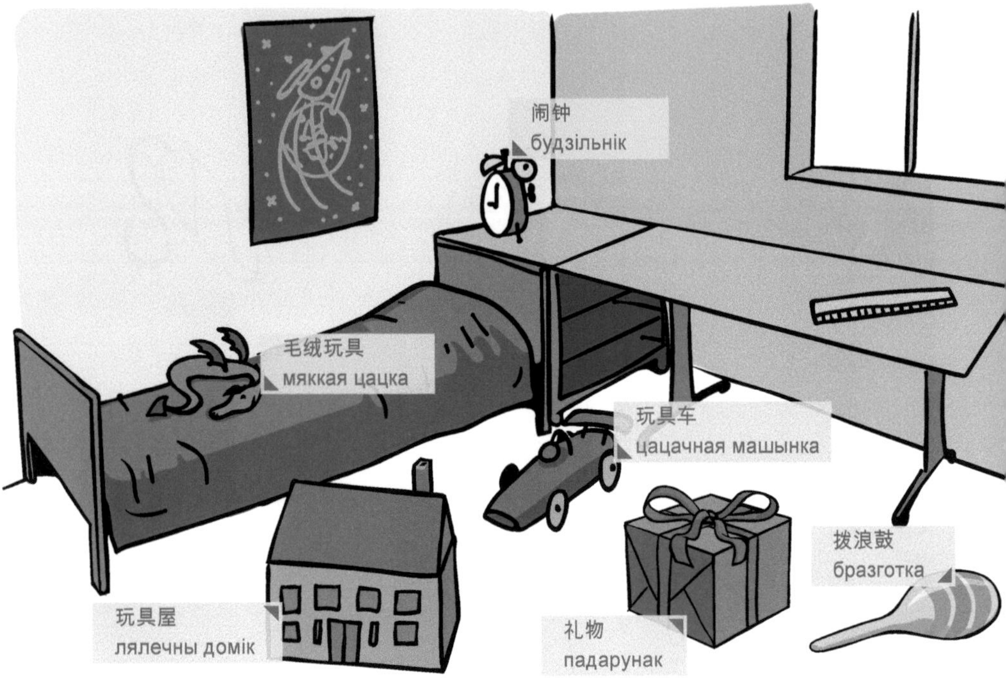

闹钟
будзільнік
毛绒玩具
мяккая цацка
玩具车
цацачная машынка
拨浪鼓
бразготка
玩具屋
лялечны домік
礼物
падарунак

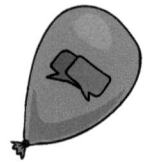

气球

надзіманы шарык

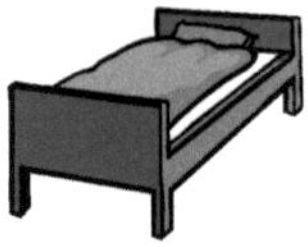

床

ложак

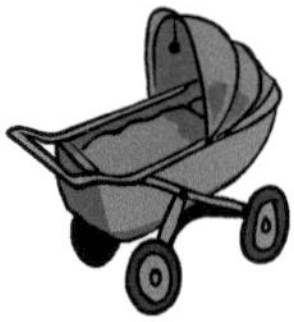

（洋娃娃用）婴儿车

дзіцячая каляска

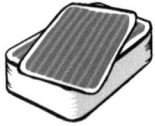

扑克牌

калода картаў

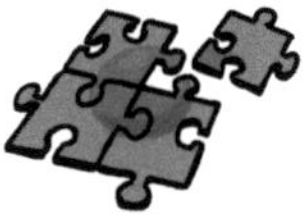

拼图

пазл

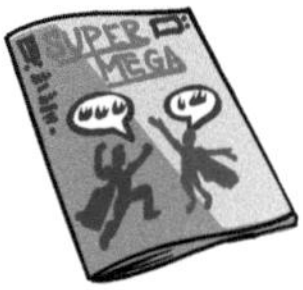

漫画

комікс

乐高积木

канструктар "Лега"

积木玩具

канструктар

玩具人

экшэн-фігурка

婴儿服

дзіцячы гарнітур

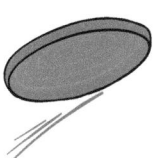

飞盘

фрызбі

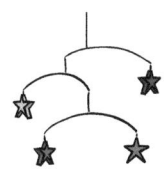

床铃玩具

дзіцячы мабіль

棋盘游戏

настольная гульня

骰子

кубік

火车模型

дзіцячая чыгунка

安抚奶嘴

пустышка

聚会

дзіцячае свята

绘本

кніга з малюнкамі

球

мячык

洋娃娃

лялька

玩

гуляцца

沙坑

пясочніца

秋千

арэлі

玩具

цацкі

游戏机

гульнявая відэа прыстаўка

三轮车

трохколавы ровар

泰迪熊

плюшавы мішка

衣柜

шафа

衣服

адзенне

袜子

шкарпэткі

长袜

панчохі

紧身裤

калготкі

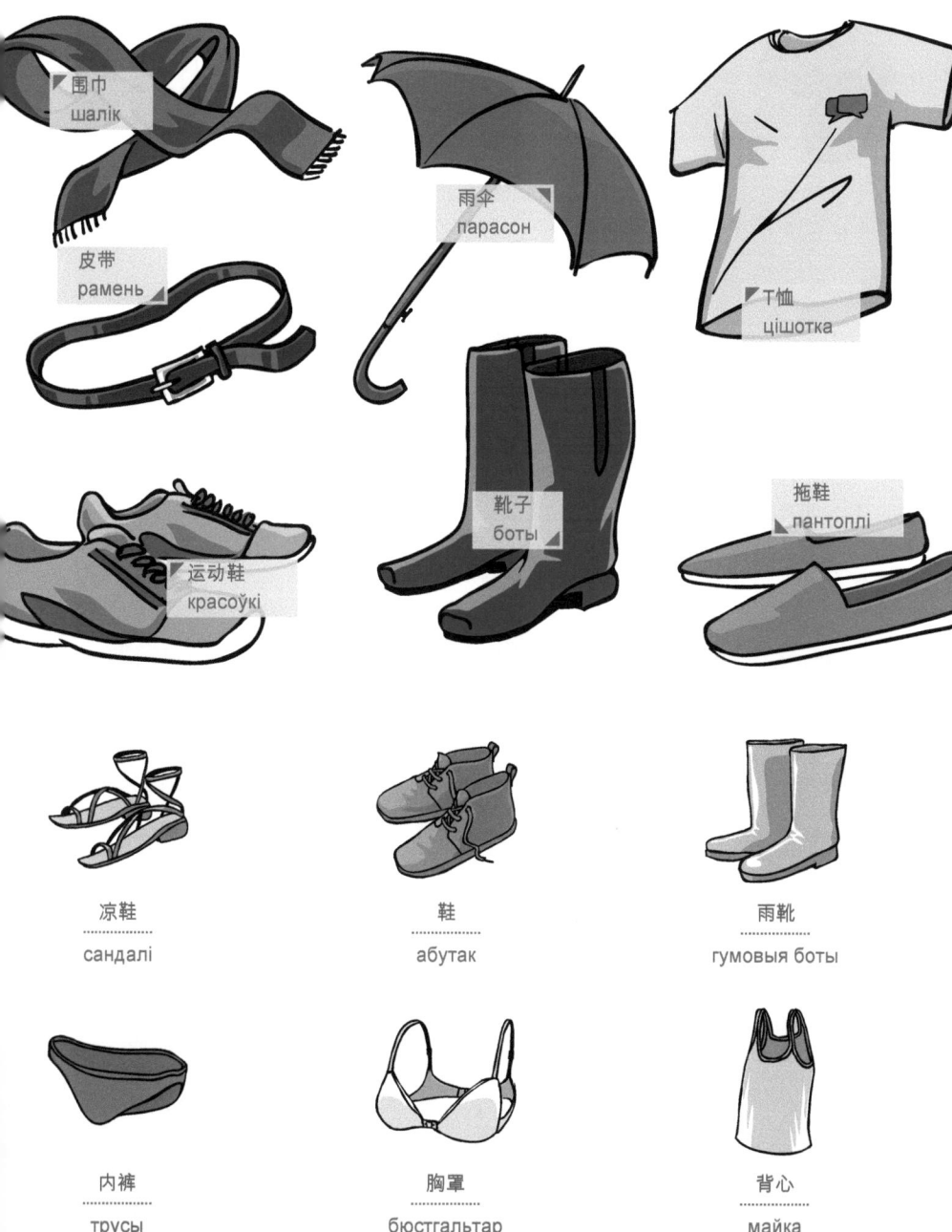

围巾
шалік

雨伞
парасон

T恤
цішотка

皮带
рамень

靴子
боты

拖鞋
пантоплі

运动鞋
красоўкі

凉鞋
сандалі

鞋
абутак

雨靴
гумовыя боты

内裤
трусы

胸罩
бюстгальтар

背心
майка

身体

бодзі

裤子

штаны

牛仔裤

джынсы

短裙

спадніца

女式衬衫

блузка

衬衫

кашуля

套头衫

джэмпер

卫衣

талстоўка

西装夹克

блэйзер

夹克

куртка

外套

паліто

雨衣

дажджавік

套装

касцюм

连衣裙

сукенка

婚纱

вясельная сукенка

西装

касцюм

睡袍

начная сарочка

睡衣

піжама

莎丽

сары

头巾

хустка

包头巾

цюрбан

波卡

паранджа

卡夫坦

каптан

(阿拉伯式)长袍

Абая

泳衣

купальнік

男式泳裤

плаўкі

短裤

шорты

运动服

спартыўны касцюм

围裙

фартух

手套

пальчаткі

纽扣

гузік

眼镜

акуляры

手链

бранзалет

项链

каралі

戒指

кальцо

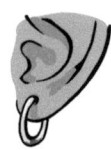

耳环

завушніца

便帽

кепка

衣架

вешалка

帽子

капялюш

领带

гальштук

拉链

маланка

头盔

шлем

背带

падцяжкі

校服

школьная форма

制服

уніформа

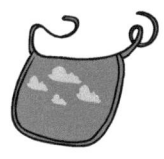

围兜

нагруднік

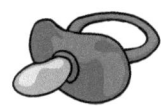

安抚奶嘴

пустышка

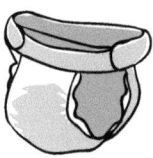

尿不湿

падгузнік

办公室

офіс

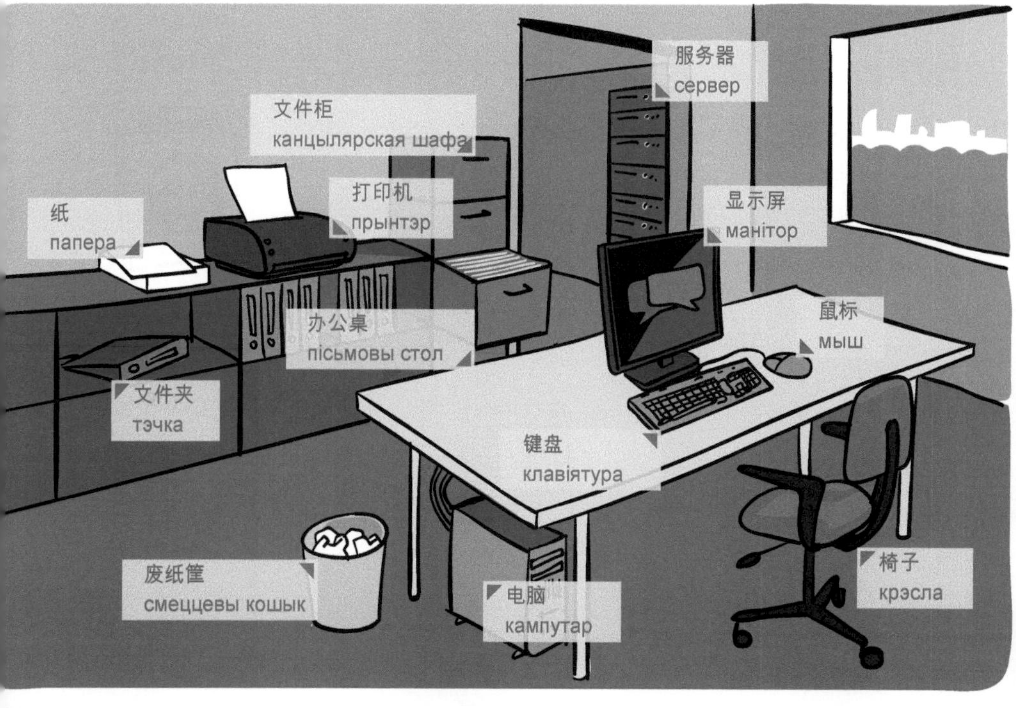

服务器
сервер
文件柜
канцылярская шафа
纸
папера
打印机
прынтэр
显示屏
манітор
鼠标
мыш
办公桌
пісьмовы стол
文件夹
тэчка
键盘
клавіятура
废纸筐
смеццевы кошык
电脑
кампутар
椅子
крэсла

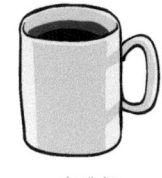

咖啡杯

убак для кавы (філіжанка)

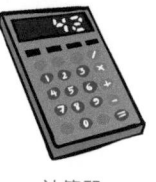

计算器

калькулятар

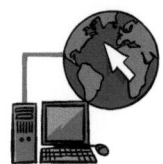

因特网

інтэрнэт

笔记本电脑

ноўтбук

信件

ліст

消息

паведамленне

手机

мабільны тэлефон

网络

сетка

复印机

ксеракс

软件

праграмнае забеспячэнне

电话

тэлефон

插座

разетка

传真机

факс

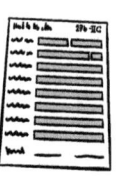

表格

фармуляр

文件

дакумент

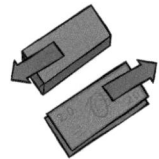

买

купляць

付钱

пласіць

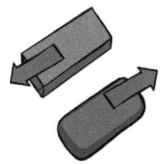

交易

гандляваць

现金

грошы

美元

долар

欧元

еўра

日元

ена

卢布

рубель

瑞士法郎

франк

人民币

кітайскі юань

卢比

рупія

提款处

банкамат

外币兑换处

абменны пункт

金

золата

银

срэбра

石油

нафта

能源

энергія

价格

цана

合同

кантракт

税金

падатак

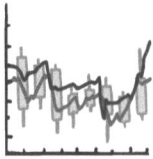

股票

акцыя

工作

працаваць

职员

служачы

老板

працадаўца

工厂

фабрыка

商店

крама

警官
паліцыянт

消防员
пажарны

厨师
кухар

医生
доктар

飞行员
пілот

园丁

садоўнік

木匠

слесар

裁缝

швачка

法官

суддзя

化学家

хімік

演员

артыст

公交车司机

кіроўца аўтобуса

出租车司机

таксіст

渔夫

рыбак

清洁女工

прыбіральшчыца

屋顶工

страхар

服务员

афіцыянт

猎人

паляўнічы

画家

мастак

面包师

пекар

电工

электрык

建筑工人

будаўнік

工程师

інжынер

屠夫

мяснік

水管工

сантэхнік

邮递员

паштальён

士兵

салдат

建筑师

архітэктар

收银员

касір

花农

фларыст

理发师

цырульнік

售票员

кандуктар

机械师

механік

船长

капітан

牙医

стаматолаг

科学家

вучоны

拉比

рабін

伊玛目

імам

和尚

манах

牧师

святар

工具
інструменты

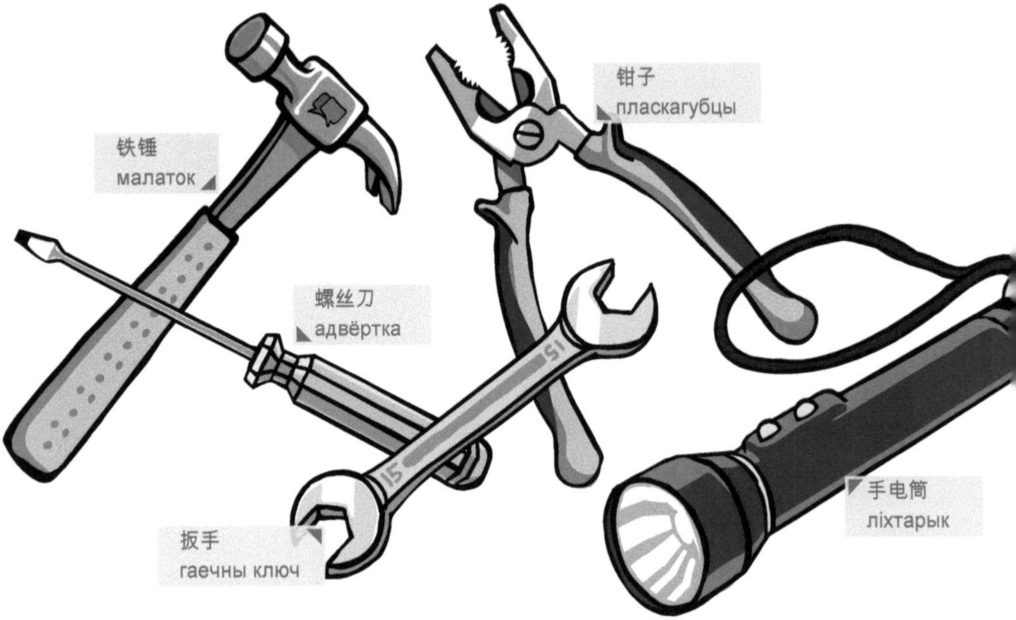
钳子
пласкагубцы
铁锤
малаток
螺丝刀
адвёртка
手电筒
ліхтарык
扳手
гаечны ключ

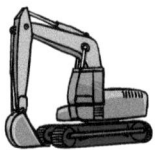

挖掘机

экскаватар

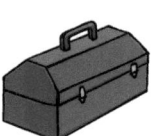

工具箱

скрыня для інструментаў

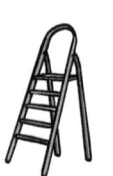

梯子

дравіны

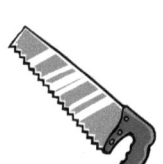

锯子

піла

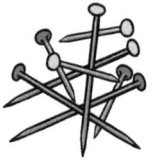

钉子

цвікі

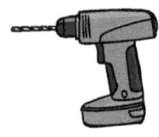

钻机

дрыль

修

рамантаваць

铲子

рыдлеўка

靠！

Халера!

簸箕

шуфлік для смецця

油漆桶

вядро з фарбаю

螺丝

балты

乐器
музычныя інструменты

扬声器
калонкі

打击乐器
ударны інструмент

吉他
гітара

低音提琴
кантрабас

小号
труба

钢琴

піяніна

小提琴

скрыпка

贝斯

басгітара

定音鼓

літаўры

鼓

барабан

电子琴

клавішны электрамузычны інструмент

萨克斯管

саксафон

长笛

флейта

麦克风

мікрафон

动物园

заапарк

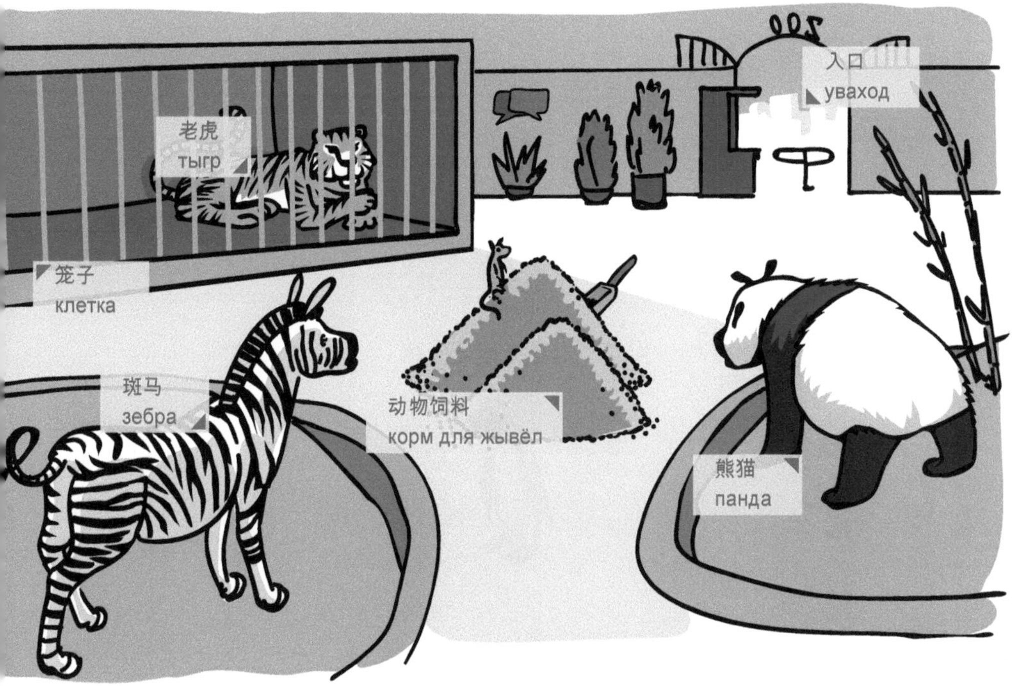
200
入口
уваход
老虎
тыгр
笼子
клетка
斑马
зебра
动物饲料
корм для жывёл
熊猫
панда

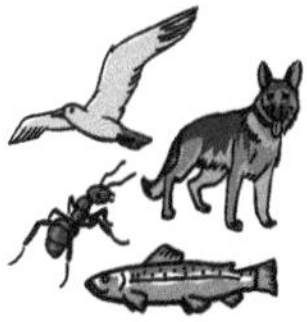

动物

жывёлы

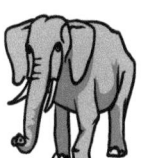

大象

слон

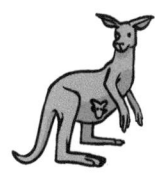

袋鼠

кенгуру

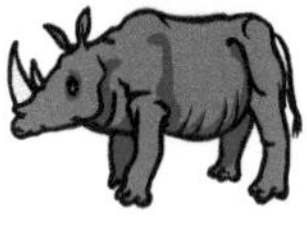

犀牛

насарог

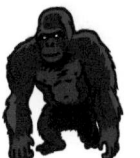

大猩猩

гарыла

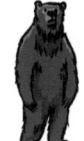

熊

мядзведзь

骆驼

вярблюд

鸵鸟

стравус

狮子

леў

猴子

малпа

火烈鸟

фламінга

鹦鹉

папугай

北极熊

белы мядзведзь

企鹅

пінгвін

鲨鱼

акула

孔雀

паўлін

蛇

змяя

鳄鱼

кракадзіл

动物园管理员

наглядчык заапарка

海豹

цюлень

美洲豹

ягуар

矮种马

поні

豹

леапард

河马

бегемот

长颈鹿

жыраф

老鹰

арол

野猪

дзік

鱼

рыбак

龟

чарапаха

海象

морж

狐狸

ліса

羚羊

газель

体育

спорт

橄榄球
амерыканскі футбол

骑自行车
веласпорт

网球
тэніс

篮球
баскетбол

游泳
плаванне

拳击
бокс

冰球
хакей з шайбай

英式足球
футбол

羽毛球
бадмінтон

田径
лёгкая атлетыка

手球
гандбол

滑雪
горныя лыжы

马球
пола

跳
скакаць

拥抱
абдымаць

笑
смяяцца

走路
ісці

唱
спяваць

做梦
марыць

祈祷
маліцца

亲吻
цалаваць

书写
пісаць

画
маляваць

展示
паказваць

推
націснуць

给
даваць

拿
браць

有

маць

做

выконваць

当

быць

站

стаяць

跑

бегчы

拉

цягнуць

扔

кідаць

摔倒

падаць

躺

ляжаць

等待

чакаць

携带

насіць

坐

сядзець

穿衣

апранацца

睡觉

спаць

醒来

прачынацца

活动 - дзейнасць

看

глядзець

哭

плакаць

抚摸

лашчыць

梳头

прычэсвацца

交谈

гаварыць

明白

разумець

问

пытаць

听

чуць

喝

піць

吃

есці

清理

прыбіраць

爱

кахаць

做饭

гатаваць

开车

ехаць

飞

лятаць

航行

плаваць пад ветразем

计算

лічыць

读

чытаць

学习

вучыць

工作

працаваць

结婚

уступаць у шлюб

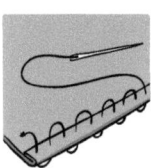

缝

шыць

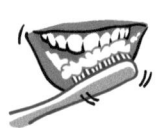

刷牙

чысціць зубы

杀

забіваць

抽烟

курыць

寄

пасылаць

祖母
бабуля

祖父
дзядуля

父亲
бацька

母亲
маці

婴童
дзіця

女儿
дачка

儿子
сын

客人

госць

阿姨

цётка

叔叔

дзядзька

兄弟

брат

姐妹

сястра

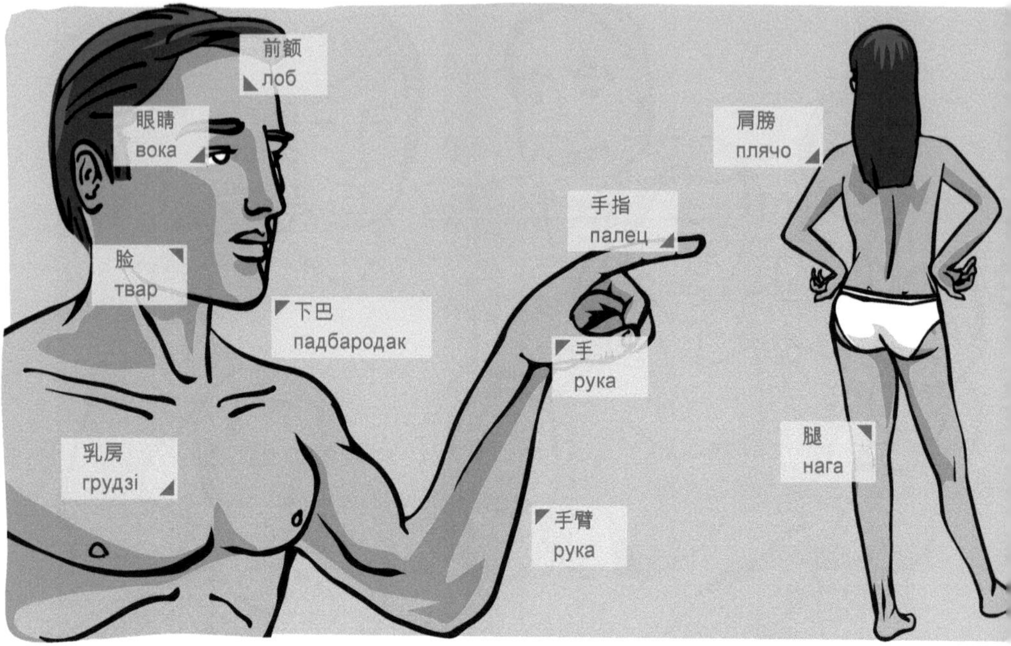

前额
лоб

眼睛
вока

肩膀
плячо

手指
палец

脸
твар

下巴
падбародак

手
рука

乳房
грудзі

腿
нага

手臂
рука

婴童
дзіця

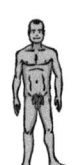

男人
мужчына

女人
жанчына

女孩
дзяўчынка

男孩
хлопчык

头
галава

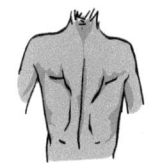

背部

спіна

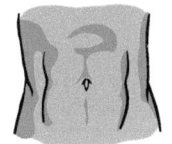

肚子

жывот

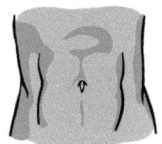

肚脐

пуп

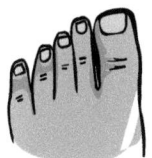

脚趾

палец нагі

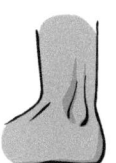

脚后跟

пятка

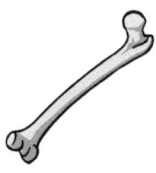

骨头

костка

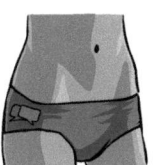

臀部

бядро

膝盖

калена

手肘

локаць

鼻子

нос

屁股

ягадзіца

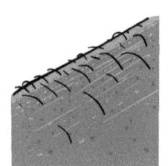

皮肤

скура

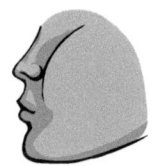

脸颊

шчака

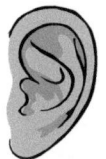

耳朵

вуха

嘴唇

губа

身体 - цела

嘴

рот

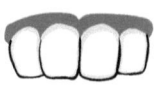

牙齿

зуб

舌头

язык

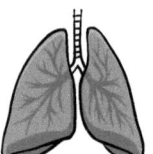

脑

галаўны мозг

心脏

сэрца

肌肉

мышца

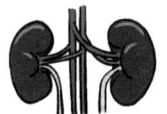

肺

лёгкае

肝脏

пячонка

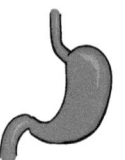

胃

страўнік

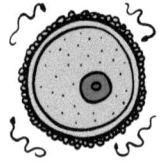

肾脏

ныркі

性交

сэкс

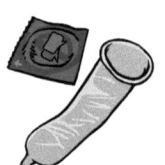

避孕套

прэзерватыў

卵子

яйцаклетка

精子

сперма

怀孕

цяжарнасць

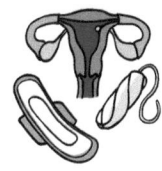

月经

менструацыя

阴道

похва

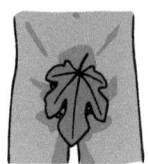

阴茎

пеніс

眉毛

брыво

头发

валасы

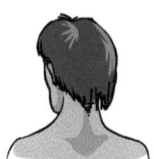

脖子

шыя

医院
шпіталь

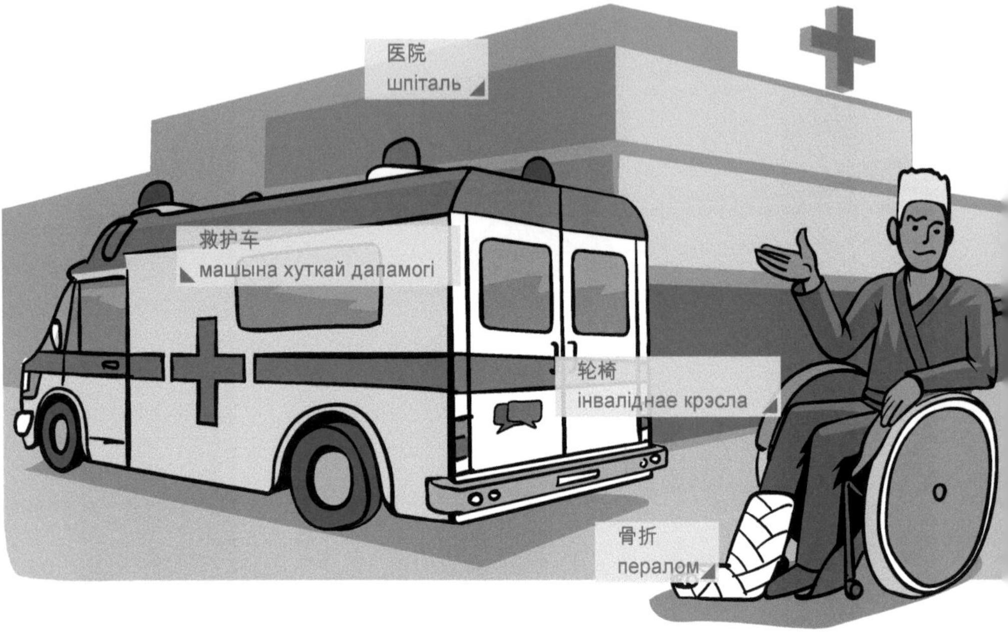

医院
шпіталь

救护车
машына хуткай дапамогі

轮椅
інваліднае крэсла

骨折
пералом

医生

доктар

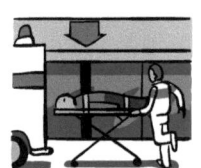

急诊室

аддзяленне першай
дапамогі

护士

медсястра

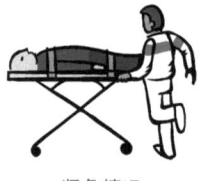

紧急情况

экстраная дапамога

昏迷

непрытомны

痛

боль

受伤

траўма

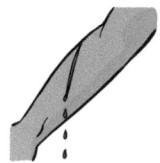

出血

крывацёк

心脏病发作

інфаркт

中风

апаплексія

过敏

алергія

咳嗽

кашаль

发烧

гарачка

流感

грып

腹泻

панос

头痛

галаўны боль

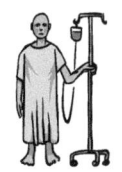

癌症

рак

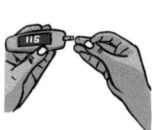

糖尿病

дыябет

外科医生

хірург

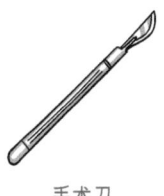

手术刀

скальпель

手术

аперацыя

CT
KT

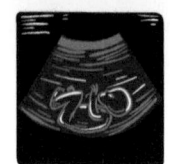

X光
рэнтген

超声波
ультрагук

口罩
маска

疾病
хвароба

候诊室
пачакальня

拐杖
мыліца

石膏
пластыр

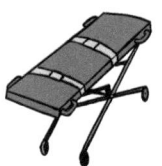

绷带
бінт

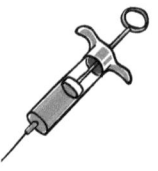

注射
ін'екцыя

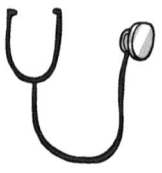

听诊器
стэтаскоп

担架
насілкі

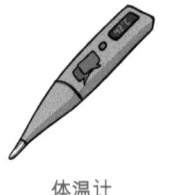

体温计
градуснік

出生
нараджэнне

超重
лішняя вага

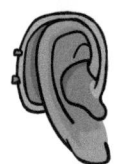

助听器

слухавы апарат

消毒液

дэзінфекцыйны сродак

感染

інфекцыя

病毒

вірус

艾滋病

ВІЧ/СНІД

药物

лекі

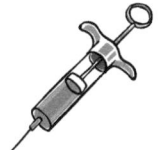

接种疫苗

прышчэпка

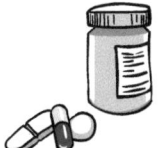

药片

таблеткі

药丸

супрацьзачаткавая таблетка

急救电话

экстраны выклік

血压计

танометр

生病/健康

хворы / здаровы

救命！

Ратуйце!

警报

сігналізацыя

突击

напад

攻击

атака

危险

небяспека

紧急出口

аварыйны выхад

着火啦！

Пажар!

灭火器

вогнетушыцель

意外

аварыя

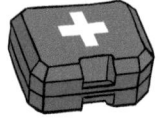

急救箱

аптэчка

呼救信号

COC

警察

паліцыя

欧洲

Еўропа

北美洲

Паўночная Амерыка

南美洲

Паўднёвая Амерыка

非洲

Афрыка

亚洲

Азія

澳洲

Аўстралія

大西洋

Атлантычны акіян

太平洋

Ціхі акіян

印度洋

Індыйскі акіян

南冰洋

Паўднёвы ледавіты акіян

北冰洋

Паўночны ледавіты акіян

北极

Паўночны полюс

南极

Паўднёвы полюс

南极洲

Антарктыда

地球

Зямля

陆地

краіна

海

мора

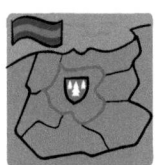

岛

востраў

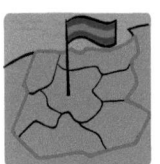

国家

нацыя

国家

дзяржава

钟面

цыферблат

时针

гадзінная стрэлка

分针

хвілінная стрэлка

秒针

секундная стрэлка

现在几点？

Колькі часу?

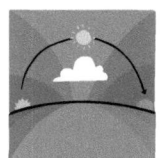

天

дзень

时间

час

现在

зараз

电子表

электронны гадзіннік

分

хвіліна

时

гадзіна

周

тыдзень

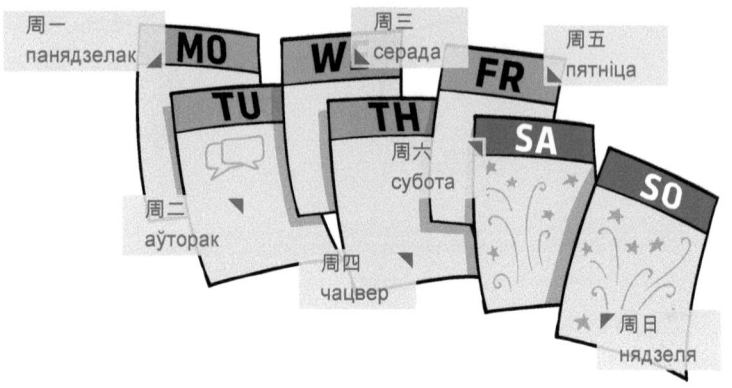

周一 панядзелак
周二 аўторак
周三 серада
周四 чацвер
周五 пятніца
周六 субота
周日 нядзеля

昨天

ўчора

今天

сёння

明天

заўтра

早晨

раніца

中午

абед

晚上

вечар

MO	TU	WE	TH	FR	SA	SU
1	2	3	4	5	6	7
8	9	10	11	12	13	14
15	16	17	18	19	20	21
22	23	24	25	26	27	28
29	30	31	1	2	3	4

工作日

працоўныя дні

MO	TU	WE	TH	FR	SA	SU
1	2	3	4	5	6	7
8	9	10	11	12	13	14
15	16	17	18	19	20	21
22	23	24	25	26	27	28
29	30	31	1	2	3	4

周末

выхадныя

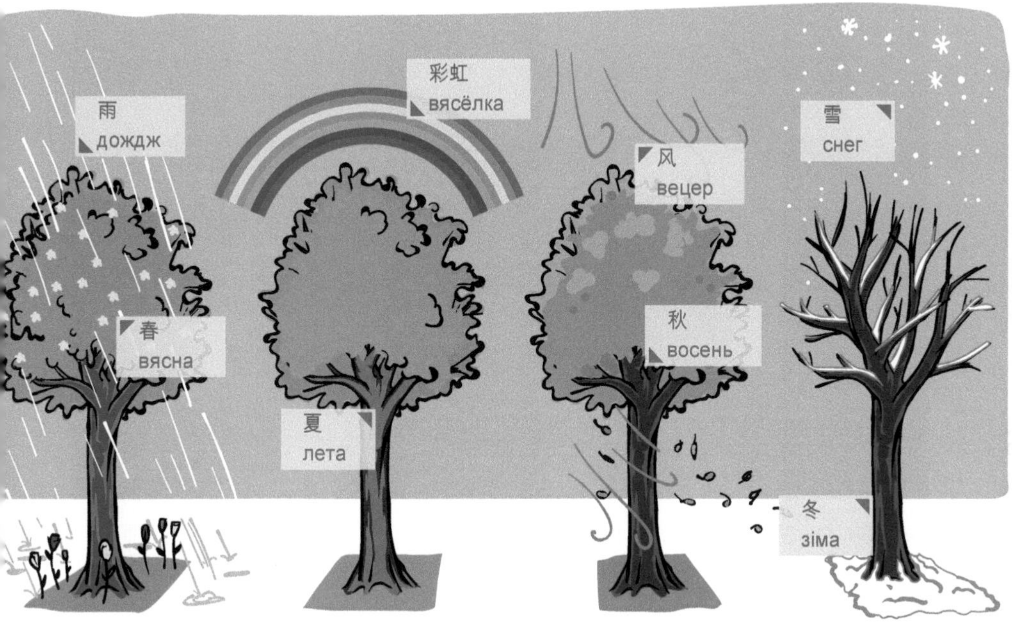

雨
дождж
彩虹
вясёлка
风
вецер
雪
снег
春
вясна
夏
лета
秋
восень
冬
зіма

4.APRIL 11°
5.APRIL 4°
6.APRIL 13°
7.APRIL 8°
8.APRIL 10°

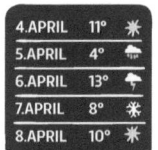

天气预报

прагноз надвор'я

F C
120 90 60 30 0 -30
40 30 20 10 0 -10 -20

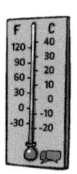

温度计

градуснік

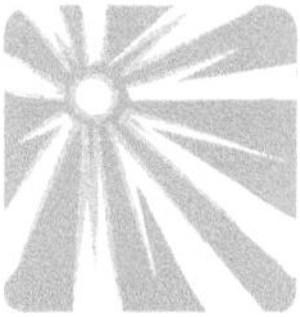

阳光

сонечнае святло

云

воблака

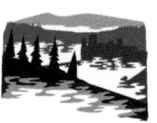

雾

туман

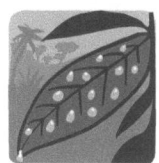

潮湿

вільготнасць паветра

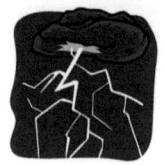

闪电

маланка

打雷

гром

风暴

бура

冰雹

град

季风

мусонны вецер

洪水

прыліў

冰

лёд

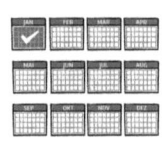

一月

студзень

二月

люты

三月

сакавік

四月

красавік

五月

май

六月

чэрвень

七月

ліпень

八月

жнівень

九月

verasень

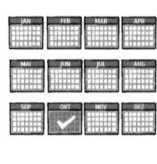

十月

кастрычнік

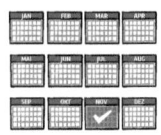

十一月

лістапад

十二月

снежань

形状

формы

圆形

круг

正方形

квадрат

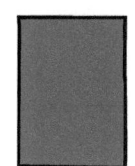

长方形

прамавугольнік

三角形

трохвугольнік

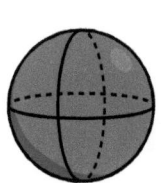

球体

шар

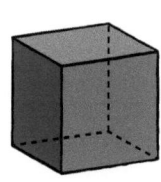

立方体

куб

白

белы

黄

жоўты

橙

аранжавы

粉

ружовы

红

чырвоны

紫

фіялетавы

蓝

сіні

绿

зялёны

棕

карычневы

灰

шэры

黑

чорны

很多/少许

шмат / мала

生气/平静

злы / добры

美/丑

прыгожы / брыдкі

首/尾

пачатак / канец

大/小

высокі / малы

明/暗

светлы / цёмны

兄弟/姐妹

сястра / брат

干净/肮脏

чысты / брудны

完整/缺失

поўны / няпоўны

白天/晚上

дзень / ноч

死/生

мёртвы / жывы

宽/窄

шырокі / вузкі

可食用/非食用

ядомы / неядомы

邪恶/善良

злы / добры

兴奋/无聊

узбуджаны / нудны

胖/瘦

тоўсты / тонкі

第一/最后

першы / апошні

朋友/敌人

сябар / вораг

满/空

поўны / пусты

硬/软

цвёрды / мяккі

重/轻

важкі / лёгкі

饿/渴

голад / смага

生病/健康

хворы / здаровы

非法/合法

нелегальны / легальны

聪明/愚笨

разумны / дурны

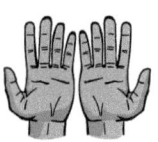

左/右

левы / правы

近/远

побач / далёка

新/旧

новы / былы ва ўжыванні

没有/有些

нічога / нешта

老/幼

стары / малады

开/关

укл / выкл

打开/合上

адчынены / зачынены

安静/吵闹

ціхі / гучны

富/穷

багаты / бедны

对/错

правільна / няправільна

粗糙/光滑

шурпаты / гладкі

伤心/高兴

сумны / шчаслівы

短/长

кароткі / доўгі

慢/快

павольны / хуткі

湿/干

вільготны / сухі

温暖/凉爽

цёплы / халаднаваты

战争/和平

вайна / мір

0

零
....
нуль

1

一
....
адзін

2

二
....
два

3

三
....
тры

4

四
....
чатыры

5

五
....
пяць

6

六
....
шэсць

7

七
....
сем

8

八
....
восем

9

九
....
дзевяць

10

十
....
дзесяць

11

十一
....
адзінаццаць

12

十二

дванаццаць

13

十三

трынаццаць

14

十四

чатырнаццаць

15

十五

пятнаццаць

16

十六

шаснаццаць

17

十七

сямнаццаць

18

十八

васямнаццаць

19

十九

дзевятнаццаць

20

二十

дваццаць

100

百

сто

1.000

千

тысяча

1.000.000

百万

мільён

英语

англійская

美式英语

англійская (Амерыка)

普通话

кітайская мандарынская

印地语

хіндзі

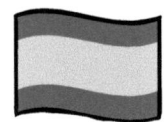

西班牙语

іспанская

法语

французская

阿拉伯语

арабская

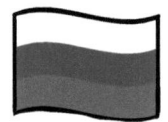

俄语

руская

葡萄牙语

партугальская

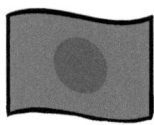

孟加拉语

бенгальская

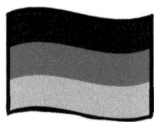

德语

нямецкая

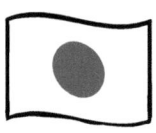

日语

японская

我

я

你

ты

他/她/它

ён / яна / яно

我们

мы

你们

вы

他们

яны

谁？

хто?

什么？

што?

怎样？

як?

哪里？

дзе?

什么时候？

калі?

名字

імя

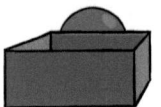

后面

за

里面

у

前面

перад

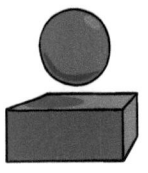

上方

над

上面

на

下面

пад

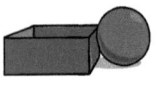

旁边

каля

中间

паміж

地点

месца